Odamı Temiz Tutmayı Çok Severim

I LOVE TO KEEP MY ROOM CLEAN

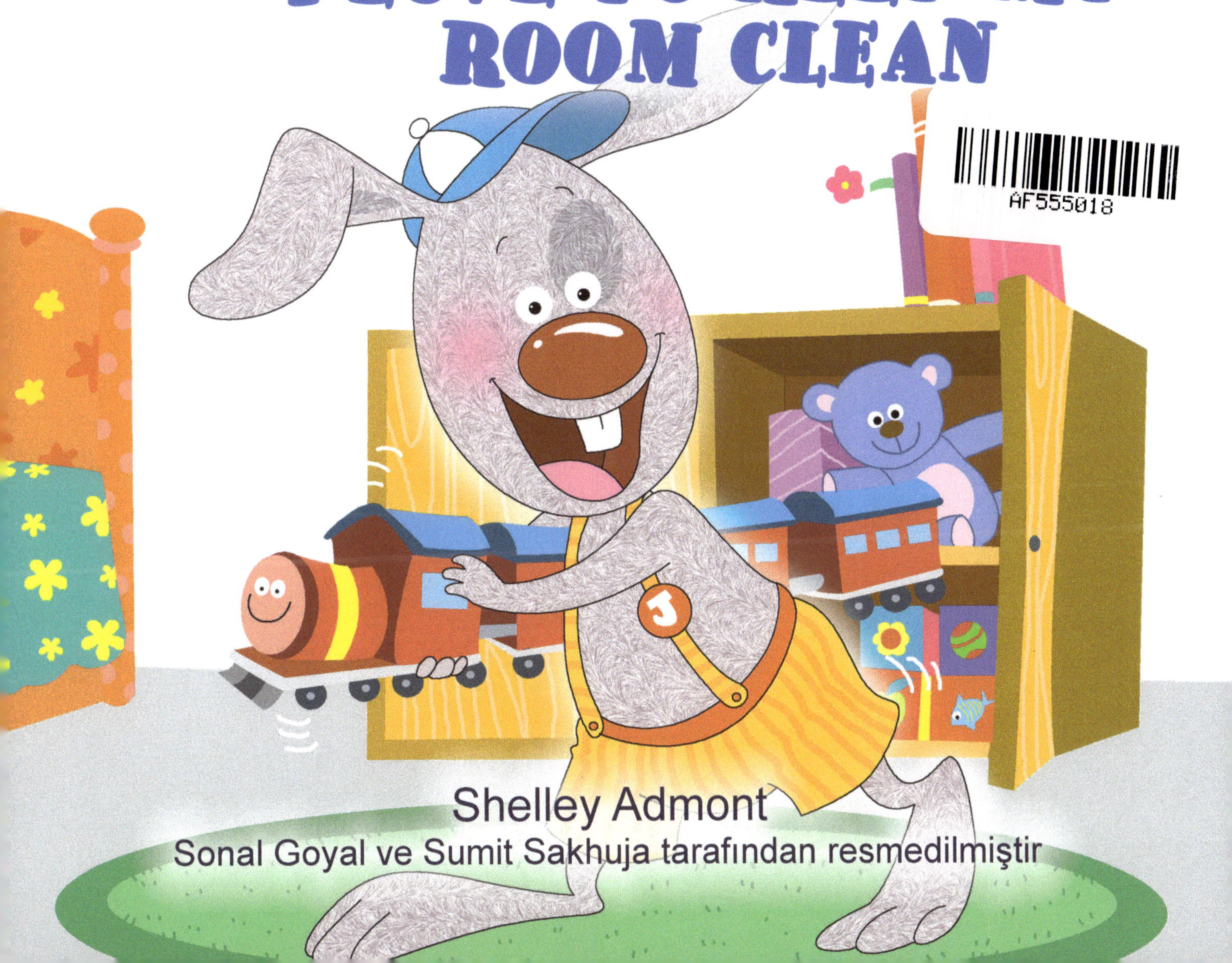

Shelley Admont

Sonal Goyal ve Sumit Sakhuja tarafından resmedilmiştir

www.kidkiddos.com

support@kidkiddos.com

First edition

Translated from English by Osman Yıldırım
Osman Yıldırım tarafından İngilizce'den tercüme edilmiştir
Turkish editing by Pınar Emre
Pınar Emre tarafından düzenlenmiştir

Library and Archives Canada Cataloguing in Publication
I love to keep my room clean (Turkish English Bilingual Edition)/ Shelley Admont
ISBN: 978-1-5259-3073-7 paperback
ISBN: 978-1-5259-3074-4 hardcover
ISBN: 978-1-5259-3072-0 eBook

Please note that the Turkish and English versions of the story have been written to be as close as possible. However, in some cases they differ in order to accommodate nuances and fluidity of each language.

En sevdiklerime

For those I Love the Most

Uzak bir ormanda güneşli bir cumartesi sabahıydı. Anneleri odaya girdiğinde, üç tavşan kardeş daha yeni uyanmıştı.
It was a sunny Saturday morning in a faraway forest. Three bunny brothers had just woken up when their Mom entered the room.

"Günaydın çocuklar!" dedi anneleri. "Buralarda gezindiğinizi duydum."
"Good morning, boys," Mom said. "I heard you moving around in here."

Ortanca kardeş gülümseyerek, "Bugün cumartesi, istediğimiz vakte kadar uyuyabiliriz." dedi.
"Today is Saturday, we can sleep as late as we want," said the middle brother with a smile.

"Bir süre daha yataklarınızda kalabilirsiniz." dedi anneleri; "Ancak benim gitmem lazım. Bugün büyükannenizi ziyaret edeceğim ve ben geri dönene dek siz de babanızla kalacaksınız."

"You can stay in your beds for a while," Mom said, "but I'll have to leave. I need to visit your Granny today and you'll stay with Daddy until I come back."

“Yataklarınızdan çıktıktan ve dişlerinizi fırçaladıktan sonra, kahvaltınızı edeceksiniz.” diye ekledi anneleri. “Ondan sonra da kitap okuyabilir veya oyuncaklarınızla oynayabilirsiniz. Ya da dışarı çıkıp bisiklet sürebilirsiniz.”

“When you get out of your beds and brush your teeth, you'll have your breakfast,” Mom added. “After that, you can read books or play with your toys. Or, you can go outside and ride your bicycles.”

“Yaşasın!” diyerek tavşan kardeşler mutlulukla yataklarında zıplamaya başladılar.

“Hooray!” The bunny brothers started to jump on their beds happily.

“Ancak…” diye devam etti anneleri, “odanızı temizlemekten sorumlusunuz.”

“But…” continued Mom, “you are responsible for cleaning your room.”

"Geri döndüğümde, bu evi, aynı şimdiki gibi temiz ve düzenli görmek istiyorum. Bunu yapabilir misiniz?"

"When I come back, I want to see this house clean and organized, exactly as it is now. Can you do this?"

"Elbette, anne!" diye gururla yanıtladı en büyük kardeş. "Biz yeterince büyüdük ve sorumluluk alabiliriz."

"Sure, Mom," answered the oldest brother proudly. "We are big enough and we can be responsible."

Tavşanlar dişlerini fırçaladıktan sonra, babaları lezzetli bir kahvaltı ve ondan daha lezzetli bir tatlı hazırladı. Sonrasında ise eğlence başladı!

After they brushed their teeth, Dad served a delicious breakfast and an even more delicious dessert. Then the fun began!

Tavşanlar parçaları birleştirerek yapbozlarıyla oynamaya başladılar. Sonra ahşap bloklara geçtiler. Daha sonra da treni çalıştırdılar ve tren raylarıyla oynadılar.

The bunnies started by putting together their puzzle. Then they continued with their wooden building blocks. Next they turned on the train set and played together with the tracks.

En küçük kardeş Jimmy, trenin düğmesine basarken "Bu tren ve raylar benim en sevdiğim." dedi.

"This railway train is my favorite," said Jimmy, the youngest brother, as he flipped the on switch.

"Bu benim geçen yaş günümde aldığım en güzel hediye."

"This is the best present I've got on my last birthday."

J

İçeride saatlerce oynadıktan sonra, tavşanlar sıkıldı.

After playing inside for hours, the bunnies grew bored.

Pencereden dışarıya bakan ortanca kardeş "Haydi dışarıda oynayalım!" dedi.

"Let's go play outside!" said the middle brother, looking out the window.

En büyük kardeş "Evet! Ama önce burayı toplamamız gerekiyor." dedi.

"Yeah! But we need to clean up here first," said the oldest brother.

Jimmy, "Ah, annemiz geri dönmeden önce yeterince vaktimiz var." dedi, "Daha sonra temizleyebiliriz." Ağabeyleri de kabul etti ve hepsi dışarı çıktı.

"Oh, we have enough time before Mom comes back," answered Jimmy, "we can clean up later." The older brothers agreed and they all went out.

J

Dışarıda, üç tavşan kardeş güneşli havanın tadını çıkardılar. Bisikletlerine bindiler ve saklambaç oynadılar. En sonunda da basketbol oynamaya karar verdiler.

Outside, the three bunny brothers enjoyed the sunny weather. They rode their bicycles and played hide and seek. Finally, they decided to play basketball.

En büyük kardeş "Basket topumuza ihtiyacımız var." dedi. "Fakat topu nereye koyduğumuzu hatırlamıyorum."

"We'll need our basketball," said the oldest brother. "But I don't remember where we put it."

Jimmy, "Sanırım benim yatağımın altında." dedi. "Gidip bakayım." Bunun üzerine, topu bulma ümidiyle evin içerisine koştu.

"I think it's under my bed," said Jimmy. "I'll go check." With that, he ran inside the house, hoping to find the ball.

Jimmy odalarının kapısını açtığında çok şaşırdı. Yer tamamen yapboz parçaları, ahşap bloklar, arabalar, tren rayları ve diğer oyuncaklarla kaplıydı.

When he opened the door to their room, he was very surprised. The floor was covered with puzzle pieces, building blocks, cars, tracks, and other toys.

Jimmy, yatağına doğru ilerlerken, yere ne kadar çok şey atılmış diye düşündü.

There are too many things thrown on the floor, thought Jimmy, making his way toward his bed.

Derken, ayağı takıldı ve dengesini kaybetti. Ayakta kalmaya çalışsa da doğrudan en sevdiği treninin üzerine düştü.

Eventually, he stumbled and lost his balance. He was trying to stay upright, but instead fell directly on his favorite train.

Tren tekerleklerinin farklı yönlere uçuşunu izlerken, "Ah!" diye çığlık attı. Jimmy "Haaayır, trenim!" diye gözyaşlarına boğuldu.

"Ouch!" he screamed, watching the train's wheels flying in different directions. "Noooo, my train!" Jimmy burst into tears.

Babası kapıda belirdi ve "İyi misin, tatlım?" diye sordu. Ancak yerdeki dağınıklık yüzünden içeriye giremedi.

"Are you all right, honey?" Dad appeared at the door. He couldn't fit inside the room due to all the mess.

Jimmy, "Ben iyiyim. Ama trenim..." diye ağladı, tekerleri kırılan trenini göstererek.

"I'm fine. But my train..." cried Jimmy, pointing to the train's broken wheels.

Babası "Treni göremiyorum bile." dedi. "Ayrıca bu odada tam olarak ne oldu?"

"I can't even see the train," said Dad. "And what exactly happened in this room?"

"Jimmy, nerede kaldın?" diye eve doğru koşan diğer kardeşlerinin sesi duyuldu.

"Jimmy, why's it taking you so long?" The other brothers shouted as they ran into the house.

"Trenim kırıldı!" diyerek Jimmy ağlamayı sürdürdü.

"My train broke!" Jimmy couldn't stop crying.

"Ağlama, Jimmy!" dedi en büyük kardeş. "Bir şeyler düşünürüz, değil mi baba?"

"Don't cry, Jimmy," said the oldest brother. "We'll think of something. Dad?"

"Belki tamir edebilirim." dedi babası. "Ancak, önce burayı temizlemeniz gerekiyor. Treni ve tekerlekleri bulup bana getirin." Bunun üzerine babası odadan çıktı.

"Maybe I could fix it," said Dad. "But you need to clean up here. Bring me the train and the wheels after you find them." With that, Dad went out of the room.

En büyük kardeş "Annem gelmeden önce, acele etmeliyiz." dedi.

"We need to hurry, before Mom comes back," said the oldest brother.

Jimmy iç çekerek ve dağınık odaya bakarak "Of, temizlik yapmak çok sıkıcı!" dedi.

"Oh, cleaning up is boring," said Jimmy sighing and looking around the messy room.

"O halde haydi temizlik yapma oyunu oynayalım!" diye haykırdı ortanca kardeş.

"Let's play a cleaning up game then," exclaimed his oldest brother.

Jimmy heyecanlandı ve "Fırtına yaklaşmak üzere!" diye bağırdı. "Tüm oyuncaklara evlerine dönebilmesi için yardım etmeliyiz".

Jimmy became excited. "The storm is coming soon!" he shouted. "We need to help all the toys get back to their houses."

Ortanca kardeş "Biz süper kahramanlarız!" diye bağırdı. Yerden oyuncakları alarak her birini yerlerine koymaya başladı.

"We're superheroes," yelled the middle brother. He picked up toys from the floor and put each one in its proper place.

Kardeşler güle oynaya her şeyi topladı ve temizledi.

Playing and enjoying themselves, the brothers organized and cleaned everything.

Jimmy "Tüm tekerlekler burada!" diye haykırdı, elinde kırılmış tren ve tekerlekleri ile babasına koştu.

"All wheels are here," exclaimed Jimmy, running to his father with the broken train and its wheels in his hands.

Ortanca kardeş, heyecanla "İşte burada, basketbol topunu buldum!" diye çığlık attı.

"Here, I found the basketball!" screamed the middle brother with excitement.

En büyük kardeş, mutlulukla "Bunu da kutusuna koy... ve işte tamamız." dedi.

"Put it in its box and... we are finished," said the oldest brother happily.

Yatağında oturan ortanca kardeş "Çok eğlenceliydi." dedi. "Ancak tam bir saat sürdü."

"It was really fun," said the middle brother, sitting down on his bed, "but it took us a whole hour."

Jimmy odaya girdiği anda “Hayır!” diye bağırdı. “Oraya oturma!”

“No!” yelled Jimmy as he entered the room. “Don’t sit there!”

Ortanca kardeş, yataktan atladı ve “Ne? Neden?!” diye sordu.

“What? Why?!” asked the middle brother, jumping off the bed.

Jimmy “Yatağı yeni topladın. Eğer şimdi oturursan, yeniden toplaman gerekecek.” diye açıkladı.

“You just made your bed. If you sit on it now, you’d have to make it again,” explained Jimmy.

Büyük kardeş, kitaplığa yaklaşarak, “İsterseniz şimdi bir kitap okuyabiliriz.” dedi.

“Maybe we could read a book now,” suggested the oldest brother, approaching the bookshelf.

Jimmy “O kitaplara dokunma.” diye bağırdı. “Hepsini renklerine göre düzenledim!”

“Don’t touch those books,” shouted Jimmy. “I organized them all by color!”

Büyük kardeş "Affedersin!" dedi, "O zaman, şimdi ne yapacağız? Hiçbir şeyle oynayamayız."

"Sorry," said the oldest brother. "But what will we do? We can't play with anything."

Bir süre düşündüler ve sonrasında büyük kardeşleri "Bir fikrim var!" diye bağırdı.

They thought for a while and then the oldest brother shouted: "I have an idea!"

"Her bir oyundan sonra ortalığı toparlasak?" diye önerdi. "O zaman oyuncakları toplamak için bu kadar vakit harcamamıza gerek kalmaz."

"What if we clean up after each game?" he suggested. "Then it won't take so much time to put toys away."

Jimmy, mutlulukla "Haydi deneyelim." dedi.

"Let's try," said Jimmy happily.

İlk olarak, en büyük kardeş, kardeşlerine güzel bir kitap okudu. Okumayı bitirdikten sonra, kitabı tekrar yerine koydular.

First, the oldest brother read a beautiful book to his younger brothers. When they finished reading, he put it back on the shelf.

Sonrasında, renkli bloklar ile büyük bir kule yaptılar. Onu bitirdikleri zaman, blokları tekrar kutuya koydular – böylece oda temiz kaldı!

Next, they built a large tower out of their colorful blocks. When they were done, they put the blocks back into the box — and the room stayed clean!

Tam o anda, anne ve babaları kapıyı çaldı.

At this moment, Mom and Dad knocked on the door.

Anneleri "Sizleri çok özledim." dedi. "Ama görüyorum ki odanızı temiz tutmayı başarmışsınız. Sizlerle gurur duyuyorum."

"I missed you so much," said Mom, "but I see you managed to keep your room clean. I'm so proud of you."

Babası ise "Jimmy, işte trenin" diyerek ona oyuncağını verdi. Tekerlekleri tamir olmuştu ve Jimmy kocaman gülümsedi.

"And here's your train, Jimmy," said Dad, handing him the toy. The wheels were fixed and Jimmy smiled widely.

Anneleri "Büyükannenizin sizler için yaptığı kurabiyelerden kim tatmak ister?" diye sordu.

"Who wants to try cookies that Granny made for you?" asked Mom.

Tavşan kardeşler ve babaları "Ben!" diye bağırdı.

"Me!" shouted the bunny brothers and their Dad.

Jimmy, ciddi bir ifadeyle "Ancak, onları mutfakta yiyeceğiz, bu temiz odada değil." dedi. "Öyle değil mi anne?"

"But we'll eat them in the kitchen, not in this clean room," said Jimmy very seriously. "Right, Mom?"

Bütün aile kahkaha atmaya başladı. Kurabiyeleri yemek üzere hepsi mutfağa gittiler.

The whole family started laughing loudly. They went to the kitchen to eat cookies.

O günden beri, kardeşler odalarını temiz ve düzenli tutmayı çok sevdiler. Tüm oyuncakları ile oynadılar, fakat işleri bittiğinde, her şeyi yerine koymayı da bildiler.

Since that day, the brothers loved to keep their room clean and organized. They played with all their toys, but when they finished, they put everything back in its place.

Odalarını temizlemek bir daha asla o günkü kadar uzun sürmedi.

It never took them long to clean up their room again.

www.ingramcontent.com/pod-product-compliance
Lightning Source LLC
LaVergne TN
LVHW071725230826
846093LV00024B/532

* 9 7 8 1 5 2 5 9 3 0 7 3 7 *